Elias Gudwis Eleuthokratie

Elias Gudwis

ELEUTHOKRATIE

Eine radikale Reform

IDEA

Die Deutsche Bibliothek – Einheitsaufnahme
Elias Gudwis
ELEUTHOKRATIE
Elias Gudwis, IDEA 2021
ISBN 978-3-88793-154-4

Umschlagentwurf: Mia Design, München

ISBN 978-3-88793-154-4

www.idea.verlag.de

Inhaltsverzeichnis

Vorwort

In dieser Schrift strebe ich an, einen kleinen Beitrag zur philosophischen, politikwissenschaftlichen sowie öffentlichen Debatte zu leisten. Der Stil ist bewusst schlicht und essayistisch gehalten. Historische Beispiele und wissenschaftliche Befunde werden nicht ausgiebig aufgearbeitet, sondern lediglich als Hinweise angeführt, um die Gedanken hinter bestimmten Formulierungen oder theoretischen Entscheidungen zu erhellen.

In erster Linie geht es darum, Unklarheiten in der heutigen öffentlichen Debatte zu tilgen und einen politischen Ansatz vorzuschlagen, der sich am Grundsatz der (individuellen sowie kollektiven) Selbstbestimmung orientiert. Dieser Grundsatz wird durch einen Aspekt der bestmöglichen Verwirklichung politischer Zielsetzungen ergänzt. Man könnte von einer (direkt-)demokratischen und aristokratischen Hybridtheorie sprechen. Es handelt sich jedoch nicht um einen detaillierten Gesellschaftsentwurf, sondern um die philosophische Erarbeitung von Vorschlägen. Ein Ziel dieses Buches ist, zu einer ungezwungenen Diskussion über die zukünftige Strukturierung unserer Gesellschaft beizutragen.

I. Einleitung

Ich habe lange überlegt, wie ich die im Folgenden vorgestellte Theorie nennen soll. Demokratie? Aristokratie? Demokratische Aristokratie, oder vielleicht lieber aristokratische Demokratie? Demokratismus? Dass es sich um eine Kombination aus verschiedenen Ansätzen handelt, verkompliziert die Namensfindung umso mehr. Letztendlich handelt es sich jedoch lediglich um einen Namen. Namen sagen bisweilen weniger über eine Theorie aus als darüber, welche Öffentlichkeitswirkung sie erzielen soll. Demnach gilt durchaus das lateinische Sprichwort nomen est omen: Der Name entscheidet darüber, in welche Denkrichtungen eine Theorie eingeordnet und wie sie rezipiert wird. Um Verwirrung und Verwechslungen zu vermeiden, habe ich mich deshalb für einen eigenständigen Begriff entschieden: Eleuthokratie (von altgriechisch eleuthería, Freiheit – altgriechisch kratós, Herrschaft). Alternativ ließe sich der griffigere, jedoch sprachlich weniger angemessene Begriff der Volokratie verwenden (von lateinisch voluntas, Wille – altgriechisch kratós, Herrschaft).

Stellen wir uns also die Frage, in welche Denkrichtung oder welche politische Tradition diese Theorie einzuordnen ist. Hier entstehen unweigerlich Probleme, denn im eigentlichen Sinne handelt es sich nicht um eine politische Theorie – zumindest, wenn man das Wort ‘Politik’ verwendet, wie es heutzutage in der öffentlichen Debatte großflächig verwendet wird. Politik ist ein weites Feld und umschließt politische Strukturen, Prozesse und Inhalte. Wenn jedoch heutzutage von Politik gesprochen wird, ist eher dasjenige gemeint, was im angelsächsischen Raum als politics und policy bezeichnet wird: konkrete politische Prozesse oder Inhalte – also beispielsweise die Frage, welche Finanz- oder Migrationspolitik verfolgt werden sollte. Besonders eingängig zeigt sich diese Tatsache im Zusammenhang mit dem in der zeitgenössischen Öffentlichkeit verwendeten Demokratiebegriff. Demokratie bedeutet wörtlich Volksherrschaft (altgriechisch demos = Gemeinde oder Volk, kratós = Herrschaft). Wenn heutzutage von Demokratie – bisweilen auch weniger kryptisch von Sozialdemokratie – gesprochen wird, ist jedoch etwas gänzlich anderes gemeint: Es geht um ein in sich geschlossenes weltanschauliches sowie politisches (im Sinne von policy) System, mit dem bestimmte politische Entscheidungen einhergehen. So werden manche Parteien als Demokraten gelobt, weil sie eine bestimmte Einwanderungspolitik verfolgen, hingegen andere Parteien als undemokratisch verunglimpft, weil sie eine davon abweichende Einwanderungspolitik propagieren. Das liegt unter anderem daran, dass das Wort 'Demokratie' in den letzten Jahrzehnten stark normativ beladen wurde. Letztendlich haben diese Fragen jedoch nichts mit Demokratie zu tun. In der Demokratie geht es nicht darum, welche Entscheidungen getroffen werden, sondern wie diese Entscheidungen getroffen werden. Ob eine bestimmte Einwanderungspolitik demokratisch ist, ist nicht durch ihren konkreten Inhalt bedingt (also welche policy sie impliziert), sondern dadurch, wie sie entschieden wurde – ob durch Volksabstimmung oder nicht.

Der Historiker Egon Flaig hat davon gesprochen, dass im Fall der Demokratie eine der „grandiosesten begrifflichen Enteignungen der Moderne“[1] stattgefunden hat, denn mit tatsächlicher Demokratie haben die politischen Systeme des heutigen Westens nichts zu tun. Dort gibt es keine Volksabstimmungen über bestimmte Inhalte, sondern es werden Autoritäten ernannt, die jene Entscheidungen treffen sollen. Solche Systeme sind teilweise nahezu äquivalent mit antiken Königtümern und Oligarchien. Sie haben mit einer Demokratie, wie sie beispielsweise in Athen gelebt wurde, nichts zu tun. Abstruser Weise wäre gemäß dem heutzutage populären Demokratiebegriff geboten, viele Königtümer des antiken Europas als Demokratien zu bezeichnen.

Wie kam diese begriffliche Enteignung zustande? 1787 wurde noch anerkannt, dass es sich bei dieser heute gängigen Staatsform nicht um eine Demokratie handelt. Im Jahr 1850 wurde sie plötzlich als aristokratisch-ermäßigte oder veredelte Demokratie verklärt.[2] Doch auch Aristokratie bedeutet letztendlich etwas anderes – wörtlich: die Herrschaft der Besten/Kompetentesten. Passender

---

[1] Egon Flaig (1997) in: *Rechtshistorisches Journal*, 16.
[2] Vgl. Angela Pabst (2010): Die Athenische Demokratie, S. 108.

ist demnach das Wort Oligarchie, das wörtlich die Herrschaft der Wenigen bedeutet.

Friedlich Hölderlin hat einmal gesagt, dass Unterschiedenes gut sei. Differenzieren wir also. Es gibt einerseits politische Inhalte – was entschieden wird – und andererseits Strukturen, die diese politischen Inhalte entscheiden – wie entschieden wird. In diesem Buch soll es um das Zweite gehen. Was diese Strukturen angeht, gibt es mindestens eine weitere Differenzierung: Erstens, wie viele Menschen diese Entscheidungen treffen (Monarchie, Oligarchie, Demokratie, Pankratie – zur Pankratie später mehr) und zweitens, welche Menschen diese Entscheidungen treffen (zum Beispiel Aristokratie, Ethnokratie oder Plutokratie). Darum soll es im Folgenden gehen: Wie sollten politische Entscheidungen getroffen werden – wer sollte sie treffen?

Bevor wir uns dieser Frage widmen, möchte ich kurz einige Worte über konkrete politische Inhalte verlieren. Oftmals wird diskutiert, ob jene oder solche Wirtschaftsmaßnahmen oder jene oder solche außenpolitischen Maßnahmen die richtigen seien. Es wird weniger darüber diskutiert, welche Maßnahmen angemessen sind. Das ist ein großer Unterschied. Bei der Rede vom 'Richtigen' oder 'Guten' entsteht oftmals der Eindruck, als gäbe es bestimmte politische Maßnahmen, die allgemeingültig richtiger oder besser sind als andere. Ebenso wie eins plus eins zwei ergibt, entsteht fälschlicherweise der Eindruck, eine bestimmte politische Maßnahme könne immer – in jedem Kontext – richtig sein. Das ist jedoch offensichtlich nicht der Fall. Das gesellschaftliche Zusammenleben ist ein komplexes und mehrschichtiges Phänomen. In einem Fall kann es sein, dass die intensive Besteuerung von Wohlhabenden kaum negative Auswirkungen hat, da diese Wohlhabenden beispielsweise in der kulturellen Identität einer Region oder einer Nation verwurzelt sind. In einem anderen Fall kann die intensive Besteuerung von Wohlhabenden dazu führen, dass sie in weiten Teilen in Nachbarländer migrieren, in denen weniger intensiv besteuert wird. Das Ergebnis davon wäre, dass die intensive Besteuerung der Wohlhabenden im zweiten Fall in absoluten Zahlen paradoxerweise zu geringeren Steuereinnahmen führen würde. Das ist nur ein Beispiel. Ein anderes Beispiel ist die Rüstung. Aufrüstung kann einerseits zu einem Wettrüsten führen, das historisch betrachtet oftmals in militärischen Konflikten gemündet ist, oder es kann durch eine abschreckende Wirkung dazu führen, dass beispielsweise ein Gleichgewicht zu einem Aggressor entsteht, wodurch diplomatische Beziehungen entstehen und ein militärischer Konflikt vermieden wird. Dasselbe gilt in außenpolitischen Fragen: In einigen Fällen kann die Einwanderung von Migranten zu einem letztendlichen Nutzen für alle Beteiligten ausfallen, in anderen Fällen führt die Einwanderung von Migranten zu massiver Destabilisation in sämtlichen Regionen. Das Geflecht sozialer, kultureller, ökonomischer und geopolitischer Faktoren ist derart komplex, dass es unmöglich ist, als Menschen oder sogar durch Computertechnologie Maßnahmen zu entwickeln, die sich für ausnahmslos jede historische, gegenwärtige oder zukünftige Situation eignen. Vielmehr widerspricht ein solches Denken fundamental den Realitäten der Politik im Allgemeinen. Bei alldem kristallisiert sich heraus, dass die Frage, wer politische Entscheidungen trifft, umso relevanter ist.

Wie auch immer man die Theorie, die ich hier formuliere, nennen mag, der zentrale dahinterstehende Gedanke ist folgender: Ebenso wie Individuen darüber entscheiden sollten, was sie selbst betrifft, sollten Gruppen oder Gemeinden darüber entscheiden, was sie selbst betrifft. Das ist der demokratische Aspekt dieser Theorie: Diejenigen, die etwas betrifft, sollen entscheiden. (Man könnte diesen Aspekt natürlich auch als den voluntaristischen Aspekt o.ä. bezeichnen.) Das ist letztendlich ein sehr simpler Orientierungspunkt, der sich jedoch in der Praxis auf unterschiedliche Weise verwirklichen kann. Ich behaupte, dass dies nicht nur im deontologischen Sinn (hinsichtlich der Richtigkeit unabhängig von den Folgen) die moralischste Maxime ist, um politische Strukturen zu organisieren, sondern zudem diejenige, die der Selbstbestimmung und dem Wohl von Individuen und Gemeinden am zuträglichsten ist (also hinsichtlich der Folgen).

I. Gemeinschaftlichkeit

Zunächst stellt sich unweigerlich die Frage, was eine Gemeinde oder Gemeinschaft überhaupt ist. In diesem Kontext ließen sich etliche ideenhistorische Beispiele für unterschiedliche begriffliche Auffassungen von Gemeinschaftlichkeit anführen. Es ließen sich ebenfalls etliche historische Belege für unterschiedliche Verwirklichungen gemeinschaftlichen Lebens anführen. Eine Gemeinschaft ließe sich beispielsweise ethnisch definieren: Teil der Gemeinschaft sind jene Individuen, die einer bestimmten Ethnie angehören. Das mag heutzutage vielleicht als rassistisch anmuten, kann jedoch durchaus eine legitime Auffassung von Gemeinschaftlichkeit sein. So beriefen und berufen sich beispielsweise nationalistische Strömungen im subsahara-afrikanischen Raum auf ihre ethnische Zugehörigkeit und ihre Selbstbestimmung als Volk. Das hat nicht zu rassistisch-suprematistischer Politik geführt, sondern vielmehr zu einem Anspruch auf Selbstbestimmung und Gleichberechtigung neben anderen Staaten. Dies war ein maßgeblicher Impuls für antikoloniale Bestrebungen. Ähnliche Fälle gab es auch in Europa, wo kleine Staaten sich als Volkskörper begriffen, um imperialistischen Staaten ihre Legitimität zu nehmen. Andererseits ließe sich Gemeinschaftlichkeit über die Zugehörigkeit zu einer bestimmten Wirtschaftszone begreifen. Auch diese Auffassung kann legitim sein, sofern sich die Gemeinschaft als zweckrationalen Bund zur Maximierung des eigenen Profits erachtet. Ob dies erstrebenswert ist, sei dahingestellt. Gemeinschaftlichkeit kann ebenfalls über religiöse Zugehörigkeit generiert werden. Auch hierin steckt einerseits Diskriminierungs- und andererseits Befreiungspotenzial. Historisch ist beides vorgekommen – ebenso wie im Fall der ethnischen Auffassung. Gleichermaßen viel Diskriminierungs- und Befreiungspotenzial hat die Auffassung, Gemeinschaftlichkeit werde über bestimmte Werte generiert, mit denen sich die Bürger identifizieren. Einerseits kann ein solches Verständnis zu vermehrten demografischen Freiheiten führen – unabhängig von Ethnie, religiöser Zugehörigkeit, unternehmerischen Absichten o. Ä. –, andererseits kann die Tatsache, dass die Identifikation mit Werten generationenübergreifend ein recht unzuverlässiger Stabilisierungsfaktor ist, vermehrten Autoritarismus und Konformismus notwendig machen, da nur auf diese Weise die (weltanschauliche) Homogenität gewährleistet werden kann. In jedem Fall hat jede mögliche Auffassung von Gemeinschaftlichkeit eines oder mehrere solcher identitätsstiftenden Elemente zur Grundlage, das bzw. die Homogenität herstellen. Unter dieser 'Dach-Homogenität' und nur darunter kann sich – metaphorisch gesprochen – innerhalb des Hauses der Gemeinschaft auf friedliche Weise Pluralität irgendeiner Art entfalten.

Ich möchte nicht darüber urteilen, welche Auffassung von Gemeinschaftlichkeit zu wählen ist, da sie – wie konkrete politische Maßnahmen – zu stark von einem Geflecht unterschiedlicher sozialer, kultureller, ökonomischer, demografischer, außenpolitischer und vielleicht sogar geographisch-klimatischer Faktoren abhängig ist. Weshalb sollte nicht jede Gemeinschaft entscheiden, was sie als identitätsstiftendes Element erachtet, ebenso wie jedes Individuum dies für sich tut? Weshalb sollte man bestimmten Gemeinschaften ein universelles Muster aufzwängen wollen? Universalisierungsbestrebungen dieser Art unterscheiden sich bisweilen nicht vom Imperialismus. Befassen wir uns mit dem Imperialismus.

Jede Gemeinschaft verfügt über einen sogenannten Einfluss- oder Wirkbereich, der zumeist einerseits territorial und andererseits demografisch gefasst ist: einerseits die Region, das Land, der Kontinent o. Ä.; andererseits die Mitglieder jener Gemeinschaft (was auch immer das identitätsstiftende Element ist). Es ließe sich zwischen der legitimen und der faktischen Einflusssphäre einer Gemeinschaft unterscheiden – zwischen jener, die ihr tatsächlich legitimerweise zukommt und jener, die sie sich z. B. auf Kosten der Selbstbestimmung anderer Gemeinschaften faktisch angeeignet hat.

Imperialismus, wie er hier begrifflich gefasst wird, sucht, über den eigenen Bereich hinauszugehen, um andere Sphären in Besitz zu nehmen oder zu beanspruchen. Es kann dementsprechend intellektuellen, territorialen, ideologischen oder andere Formen des Imperialismus geben. Nach imperialistischer Auffassung dürfen ausschließlich das eigene Prinzip und jene Prinzipien gelten, die nicht mit dem eigenen Prinzip konfligieren. Imperialismus birgt oftmals eine maßgebliche suprematistische Komponente. Zu Imperialismus kann beispielsweise die Bombardierung fremder Länder aufgrund ihrer identitätsstiftenden Elemente als auch das systematische Diskriminieren bestimmter Meinungen (zu Meinungen später mehr) zählen.

Imperialismus liegt beispielsweise dann vor, wenn eine Nation auf Kosten der Selbstbestimmung einer (ihrerseits nichtimperialistischen) Nation darüber entscheidet, wie jene Nation strukturiert wird. Zeitgenössische Beispiele lasse ich an dieser Stelle bewusst unerwähnt. Selbstverständlich liegt kein Imperialismus vor, wenn eine Gemeinschaft eine andere um Hilfe zur Bewältigung ihrer Angelegenheiten bittet und jene adressierte Gemeinschaft dieser Bitte nachkommt.

Grundsätzlich ist politischer Imperialismus weder dem Frieden noch der nachhaltigen Entwicklung einer anderen Gemeinschaft zuträglich. Offensichtlich hat es in der Vergangenheit gegeben, gibt es in der Gegenwart und wird es in der Zukunft kriegspropagandistische Bestrebungen geben, etwas anderes zu vermitteln. Tatsache ist jedoch, dass es keine belastbaren Belege dafür gibt, dass die Invasion einer Region zugunsten der entsprechenden Bevölkerung ausfällt – nicht einmal dann, wenn sie zuvor diktatorisch beherrscht wurde. Im schlimmsten Fall sieht sich die Bevölkerung daraufhin mit einem Zwei-Fronten-Krieg konfrontiert: einerseits gegen die Invasoren, andererseits gegen die eigenen Unterdrücker. Etliche Kriegsjahre beispielsweise im Nahen Osten haben nicht zu einer sogenannten 'Demokratisierung' geführt (die begrifflich ohnehin kritisch zu bewerten ist, siehe oben), sondern zu einer zunehmenden Radikalisierung und zu unermesslichem Leid sowie Umweltzerstörung. Politische Strukturen, die einer Region oder Gemeinschaft oktroyiert werden, können nicht nachhaltig sein, da sie nicht an die sozialen, kulturellen, ökonomischen und demografischen Bedürfnisse jener Region oder Gemeinschaft angepasst sind. Dadurch wird ein permanenter außenpolitischer Zwang erforderlich, um jene Strukturen zu erhalten. Damit ist letztendlich niemandem geholfen – oftmals fällt es nicht einmal zugunsten des Invasors aus, da er enorme Ressourcen investieren muss, um jene unangemessenen Strukturen aufrechtzuerhalten.

Der einzige bellum iustum, gerechte Krieg, scheint der Verteidigungskrieg zu sein. Zudem scheint es legitim zu sein, nachweislich imperialistische Staaten anzugreifen. Vertretbar scheint weiterhin zu sein, Staaten anzugreifen, die den eigenen Mitbürgern oder sogar deren eigenen Mitbürgern die Ausreise verweigern. Wobei hier Vorsicht geboten ist: Historisch betrachtet gibt es wenig Grund davon auszugehen, dass ein Krieg hier mehr leistet als die Zerstörung von Menschenleben. Ferner ist Kriegsführung dann legitim, wenn sie einvernehmlich zwischen sämtlichen Konfliktparteien besteht (und das Territorium, auf dem der Konflikt ausgeführt wird, dadurch nicht nachhaltig unbewohnbar wird). Tatsächlich ist in einem solchen Fall sogar der demokratische oder voluntaristische Aspekt, den wir oben erwähnt haben, erfüllt: Individuen und Gruppen entscheiden über Dinge, die sie selbst betreffen; keine Individuen und keine Gruppen partizipieren gegen ihren Willen an dem Konflikt. Das bedeutet selbstverständlich nicht, dass man solche selbstbestimmten Konflikte zwischen Individuen oder Gruppen nicht kritisch bewerten darf.

II. Bürgertum

Ähnlich divers wie die Antworten auf die Frage der Gemeinschaftlichkeit können die Antworten auf die Frage des Bürgertums ausfallen: Wer ist ein Bürger? Wer darf wählen? Das sind zwei unterschiedliche Fragen, die auf dieselbe Weise beantwortet werden können, jedoch nicht müssen. Historisch hat es hier verschiedene Herangehensweisen gegeben, die ich an dieser Stelle nicht bewerten möchte. Dennoch scheint es einige Anhaltspunkte zu geben, die unterschiedlichen Modellen gemein sind: Das Bürgertum und/oder die Wahlberechtigung sollte bestimmten Bedingungen unterliegen, die sich nicht nur daraus schöpfen, wo eine Person geboren ist oder wo sie residiert (sogenannte Pankratie). Andernfalls kann generationale Ungerechtigkeit auftreten und im Extremfall kann dies sogar dazu führen, dass Regionen durch schlichte Umsiedlung bestimmter (sozialer, kultureller, demografischer, religiöser, wirtschaftlicher o. ä.) Gruppen politisch annektiert werden. Darüber hinaus sind jedoch unterschiedliche Auffassungen des Bürgertums/der Wahlberechtigung denkbar.

Gehen wir skizzenhaft auf die Frage der Wahlberechtigung ein. Es wurde bereits erwähnt, dass Wahlberechtigung sich sinnvollerweise nicht nur aus dem Geburts- oder Wohnort schöpfen sollte. Heutzutage ist das Wahlrecht vor allem durch die Staatsangehörigkeit und das Alter bedingt. In der Vergangenheit hat es Fälle gegeben, in denen Menschen erst in einem sehr fortgeschrittenen Lebensalter wählen durften. Umgekehrt sind Szenarien vorstellbar, in denen Menschen ab einem gewissen Alter nicht mehr wählen dürfen. Doch in Anbetracht der Tatsache, dass Menschen sich unterschiedlich (schnell oder langsam) entwickeln und das Alter nur wenig Aussagekraft hinsichtlich der kognitiven Kapazitäten, psychischen Stabilität u. Ä. einer Person hat, erscheint eine enge Verknüpfung zwischen Wahlrecht und einem bestimmten Alter fragwürdig. Naheliegend wäre es beispielsweise, das Wahlrecht an bestimmte Leistungen zu knüpfen – vielleicht an einen Freiwilligendienst irgendeiner Art. Ein solcher Freiwilligendienst wäre nicht verpflichtend, jedoch eine Bedingung zur Wahlberechtigung. Das würde erstens gewährleisten, dass tendenziell eher Menschen wählen, die am Wohl der Gemeinschaft interessiert sind, und zweitens eher Menschen, die sich durch eine bestimmte Erfahrung (eben jener Freiwilligendienst) psychisch mit jener Gemeinschaft identifizieren oder emotional in diese investiert haben. Eine andere – oder ergänzende – Möglichkeit wäre das Knüpfen der Wahlberechtigung an die Berufstätigkeit. Es ließe sich sogar noch weiter gehen: Das Knüpfen der Wahlberechtigung an einen Beruf, der existenziell notwendige Güter produziert. In der Vergangenheit gab es Wählerklassen, die an Steuerklassen orientiert waren. Wiederum wäre eine weitere Möglichkeit, das Wahlrecht unter anderem an die Elternschaft zu knüpfen, da Eltern unbewusst und intuitiv – durch automatische evolutionäre Mechanismen – am ehesten in die Zukunft investiert sind. In jedem Fall gibt es natürlich Ausnahmen, die allerdings lediglich die vorherrschende quantitative Tendenz bestätigen.

Eine Kombination aus unterschiedlichen Bedingungen wäre möglich. Im Zuge dieser Beispiele stellt sich schnell heraus, dass die Diskussion solcher Bedingungen unweigerlich Kontroversen auslösen würde. Tatsache ist zumindest, dass das Bürgerrecht seit jeher und nach wie vor an Bedingungen geknüpft war bzw. ist.

Es zeigt sich, dass einerseits die Gefahr besteht, das Wahlrecht zu weit zu fassen, was dem langfristigen Bestehen und Florieren einer Gemeinschaft abträglich sein kann, und andererseits zu eng zu fassen, sodass ein derart restringiertes Wahlrecht kaum noch mit dem Grundsatz der Selbstbestimmung vereinbar ist.

Wie im Fall der unterschiedlichen Auffassungen von Gemeinschaftlichkeit sollte es gemäß dem Prinzip der Selbstbestimmung den Gemeinschaften selbst obliegen, wie sie diese politischen Begriffe für sich ausdeuten. Festzuhalten bleibt jedoch, dass das Bürgertum – ebenso wie die Gemeinschaftlichkeit – ein gewisses Maß an Stabilität und Gemeinwohlorientierung gewährleisten sollte, ohne zugleich Individualität zu unterbinden. Es handelt sich um einen Balanceakt aus Gemeinwohl und individueller Selbstbestimmung, oder anders ausgedrückt: Um einen Balanceakt zwischen totalitärem Konformismus und individualistischem Egoismus. Um diesen Balanceakt zu meistern, muss auf die sozialen, kulturellen, demografischen und anderweitigen Bedürfnisse einer Gemeinschaft Rücksicht genommen werden. Eine eindimensionale Schablone, die alle menschlichen Kultur- und Lebensformen auf moralisch vertretbare und humane Weise unter eine politische Organisationsweise subsumiert, gibt es nicht.

III. Selbstbestimmung

Wie bereits dargelegt wurde, beruht die hiesige Theorie auf dem Grundsatz der Souveränität oder Freiwilligkeit: Diejenigen, die etwas betrifft, sollen entscheiden. Diese recht triviale Aussage, der vermutlich viele Menschen intuitiv zustimmen würden, hat weitreichende Konsequenzen. Hier stellt sich unweigerlich die Frage, ob eine Gemeinde, ein Volk o. Ä. überhaupt dazu imstande ist, solche Entscheidungen zu treffen. Zur Beantwortung dieser Frage gilt es, mindestens zwei Sachverhalte zu erörtern: Erstens, wie sind politische Entscheidungen konstituiert und wer ist dazu in der Lage, sie zu treffen? Zweitens, was sind die Bedingungen dafür, dass angemessene politische Entscheidungen zustande kommen? Im zweiten Fall stellt sich weiterhin die Frage danach, was 'angemessen' genau bedeutet – wann ist eine politische Entscheidung angemessen?

Politische Entscheidungen

Befassen wir uns mit dem ersten Sachverhalt. Wir wollen nochmals den Ausspruch Hölderlins als Anhaltspunkt verwenden und

unterscheiden. Die abstrakte Kategorie politischer Entscheidungen lässt sich in zwei unterschiedliche Bereiche unterteilen: einerseits ideelle und andererseits pragmatische Entscheidungen. Ideale sind Teil jeder individuellen Lebensführung und jeder Politik: Welchen Werten ist ein Mensch in seinem Leben bzw. eine Gemeinschaft in ihrem politischen Handeln verpflichtet? Wie möchten sie ihr Leben bzw. ihre Gemeinschaft organisieren? Was sind die Ideale, von denen sie sich leiten lassen wollen? Wohin streben sie? Das sind Fragen, die – ebenso wie die unterschiedlichen Auffassungen von Gemeinschaftlichkeit – kulturrelativ, epochenrelativ und situationsabhängig sind. Ideale können beispielsweise Wirtschaftswachstum, humanistische Bildung, individuelle Freiheit, kollektive Solidarität o. Ä. sein. Diese Ideale – und das ist ein entscheidender Punkt – sind nicht letztbegründbar. Seit mehr als zweitausend Jahren wird in der Philosophie versucht, moralische Werte oder spezifische Lebenskonzepte (in Abgrenzung zu anderen Werten und Lebenskonzepten) letztzubegründen, das heißt, ihren exklusiven umfassenden rationalen Gehalt zu beweisen. Diese Unterfangen sind katastrophal gescheitert und mittlerweile werden derartige Versuche kaum noch unternommen. In der Psychologie und den Gesellschaftswissenschaften weiß man, dass Wertsetzungen und ideelle Präferenzen nicht auf rationalen Argumenten fußen, sondern, dass hier maßgeblich emotionale und selbstidentifikatorische Prozesse eine Rolle spielen. Anhand logischer

Operatoren lassen sich nicht – ebenso wenig wie durch die Mathematik – bestimmte Lebenskonzepte und gemeinschaftliche Organisationsformen allgemeingültig als 'richtig' oder 'falsch' erklären. Die rationale Richtigkeit oder Falschheit einer Sache ist in erster Linie abhängig davon, welche – in erster Linie geradewegs ideellen – Maßstäbe angelegt werden. All dies bedeutet nicht, dass man automatisch annehmen muss, es gebe keine intersubjektiven moralischen Werte. Tatsache ist allerdings, dass sie sich zumindest nicht letztgültig logisch begründen zu lassen scheinen.

Das hat mehrere entscheidende Konsequenzen. Zunächst bedeutet dies, dass der Lebensentwurf einer Person, die beispielsweise Biologie studieren möchte, nicht kategorisch besser oder schlechter ist als der Lebensentwurf einer Person, die etwas anderes (oder gar nicht) studieren möchte. Die Überlegenheit oder Unterlegenheit eines Lebensentwurfs schöpft sich daraus, welcher Maßstab angelegt wird. Strebt die Person beispielsweise eine Professur an, so ist es unter Umständen durchaus besser, zu studieren – bestenfalls jenen Fachbereich, in dem eine Professur angestrebt wird. In der Realität ist es jedoch ebenfalls möglich, nicht zu studieren und dennoch eine Professur zu erhalten. In den meisten Fällen dürfte das Studium die Wahrscheinlichkeit, eine Professur zu erhalten, jedoch erheblich steigern. Dasselbe gilt für die Organisation einer Gemeinschaft: Eine Gemeinschaft, die sich in erster Linie der Mehrung des Wohlstandes verschrieben hat, ist nicht per se besser oder schlechter als eine Gemeinschaft, die sich in erster Linie einem spezifischen Bildungsideal verschrieben hat. Eine bestimmte gemeinschaftliche Organisation oder Zielsetzung wird erst dann besser oder schlechter, wenn man sie in Anbetracht eines bestimmten Maßstabes evaluiert – zum Beispiel, wie viel Kulturgüter sie hervorbringt. Wir könnten es noch deutlicher formulieren: Nicht einmal die Entscheidung eines Individuums, sich selbst zu töten, ist notwendigerweise besser oder schlechter als die Entscheidung, es nicht zu tun. Erst wenn man einen Maßstab anlegt – zum Beispiel das Wohl der eigenen Familie –, ergibt sich eine argumentationslogische Begründbarkeit. Derselbe Fall gilt für Gemeinschaften.

Diese Erörterungen mögen den Lesern möglicherweise realitätsfern erscheinen. Doch es geht um einen zentralen Punkt: Ideelle Entscheidungen sind keine rational letztbegründbaren Entscheidungen, sondern gewissermaßen präferenzielle Setzungen. Man könnte auch von Wertsetzungen sprechen. Das heißt auch – und das ist von hoher Bedeutsamkeit –, dass ein Mensch nicht per se ein besseres Leben lebt, wenn ihm von seinen Präferenzen abweichende Ideale aufgezwungen werden. (Was nicht bedeutet, dass man nicht versuchen kann, ihn von abweichenden Idealen zu überzeugen.) In diesem Kontext lassen sich konkrete politische Beispiele anführen: Keine Gemeinschaft kann sich im Allgemeinen als rationaler, vernünftiger oder besser rühmen, nur weil sie eine andere Grenz- oder Wirtschaftspolitik als eine andere Gemeinschaft verfolgt. (Ich verwende diese Beispiele absichtlich, da sie sich aufgrund der Tatsache, dass sie polarisieren, besonders gut zur Veranschaulichung eignen.) Dieser pseudorationale Suprematismus hat heutzutage leider weite Teile der öffentlichen Debatte für sich beansprucht.

Es gibt noch eine wichtige Konsequenz: Jeder Mensch hat persönliche Präferenzen oder Wertvorstellungen. Man muss beispielsweise kein Biologe sein, um die Präferenz der eigenen Reproduktion zu hegen. Ebenso muss man kein Moralphilosoph sein, um bestimmte Handlungen für moralisch verwerflich oder verpflichtend zu halten. Alle Individuen und alle Gemeinschaften haben die Berechtigung, unabhängig von ihrer Profession oder ihrem Bildungsstand ihr persönliches Leben bzw. ihre Struktur so zu organisieren, wie es ihren Idealen und Präferenzen entspricht, solange dieses Leben bzw. diese Struktur sie selbst betrifft – ungeachtet dessen, ob eine andere Person oder Gemeinschaft dieses Leben bzw. diese Struktur als ineffizient, anstößig o. ä. erachtet. Auch dies ist für einige Leser möglicherweise derart trivial, dass es nicht erwähnt werden muss. Tatsächlich hat diese Erkenntnis jedoch entscheidende Implikationen für die politische Praxis: Kein Staat hat das Recht, einer Gemeinschaft zu diktieren, wie sie sich organisieren soll, solange ihre Organisation sie selbst betrifft. Immer noch kaum erwähnenswert? Konkretisieren wir es weiter, und zwar provokant: Kein Staat hat das Recht, einer beispielsweise religiösen Gemeinschaft zu diktieren, dass sie sich nicht auf Basis religiöser Werte organisieren soll, solange sie dies keiner anderen Gemeinschaft aufzwingt. (Ebenso wenig hätte ein Individuum das Recht dazu, einen religiösen Menschen, der niemandem seine Religion aufzwingt, zu diktieren, dass dieser sein Leben nicht an seiner Religion orientieren soll.) Oder: Kein Staat hat das Recht, anderen Gemeinschaften seine Grenz- oder Finanzpolitik zu oktroyieren. Das wäre imperialistisch. Tatsächlich sind solche Praktiken in der heutigen Geopolitik gang und gäbe. Es gibt in der zeitgenössischen Debatte sogar Intellektuelle und Parteien, die sich als liberal und humanistisch inszenieren, jedoch diesen fundamentalen Grundsätzen widersprechen.

Fassen wir zusammen: Individuen und Gemeinschaften treffen ideelle Entscheidungen, die sich einerseits aus einem Geflecht aus unterschiedlichen (psychologischen, kulturellen usw.) Faktoren schöpfen und die andererseits nicht notwendigerweise rationaler sind als andere. Damit überhaupt sinnvoll Politik betrieben werden kann, muss sich eine Gemeinschaft zunächst im Klaren darüber sein, an welchen Werten oder Idealen sie sich orientiert. Solange dies nicht gewährleistet ist, bleibt die Politik gleichermaßen wankelmütig wie orientierungslos. Zum Beispiel: Worum geht es in der Migrationspolitik? Geht es um Hilfestellungen? Sobald dies klar formuliert ist, lassen sich pragmatische Maßnahmen erwägen, beispielsweise: Wo ist die Hilfestellung am effektivsten, in Deutschland oder vor Ort? Solange jedoch nicht eindeutig ist, worum – und in welcher Hierarchie – es gehen soll, kann keine vernünftige Debatte geführt werden.

Aus alldem resultiert weiterhin, dass – sollte man den voluntaristischen Aspekt der Politik ernst nehmen – innerhalb einer Gemeinschaft jeder Bürger das Recht haben sollte, konkret an der ideellen Entscheidungsfindung zu partizipieren: Auf welchem Weg wollen wir schreiten? Wie möchten wir leben? Am besten eignen sich dazu anscheinend Abstimmungen, in denen sowohl über die Ideale einer Gemeinschaft als auch deren Hierarchie untereinander entschieden wird. Die Hierarchie legt fest, welche Ideale im Zweifelsfall priorisiert werden. In jedem Fall müsste die Verwirklichung dieser Ideale grundrechtskonform sein. Man könnte auch von 'Zielen' oder 'Orientierungspunkten' sprechen. Die Wortwahl ist in diesem Zusammenhang letztendlich unbedeutend. Ein Vorteil einer Hierarchie ist, dass dadurch – anders als im gegenwärtigen politischen System – keine Stimme wirkungslos ist. Ausnahmslos jede Stimme führt zu einer leichten Verschiebung der Hierarchie oder des 'Durchschnitts'. Bei der Auszählung der Stimmen gibt es keine Gewinner oder Verlierer. Im Kontrast dazu ist heutzutage jede Stimme in letzter Konsequenz nahezu politisch wirkungslos, sofern sie nicht einer bestimmten Mehrheit angehört.

Was ideelle Entscheidungen angeht, spielen Intelligenz und Informiertheit eine verhältnismäßig geringe Rolle, da es letztendlich nicht um rationale oder wissenschaftliche Entscheidungen geht, sondern um emotionale und selbstidentifikatorische. Im Fall pragmatischer Entscheidungen ist dies gänzlich anders. Zunächst: Was sind pragmatische Entscheidungen? Pragmatische Entscheidungen fußen letztendlich auf irgendwelchen Idealen. Basierend auf diesen Idealen wird anhand pragmatischer Erörterungen der anscheinend effektivste Weg ermittelt, diese Ideale in der konkreten Praxis zu verwirklichen. Dazu ist in hohem Maß Expertise nötig. Wie ein Ideal am effektivsten umgesetzt werden kann, ist weder eine Frage der Präferenz noch der Selbstidentifikation. Es ist eine hochkomplexe, gesellschaftswissenschaftlich sowie wirtschaftswissenschaftlich anspruchsvolle Problemstellung. Wer hier angemessene Entscheidungen treffen will, muss über Intelligenz, Kreativität, einen weiten Horizont und einen ausgeprägten Wissensschatz verfügen. Zum Beispiel kann eine sogenannte Mietpreisbremse durchaus gut gemeint sein und kurzfristig die gewünschte Wirkung erzielen, den Anstieg von Mietpreisen zu unterbinden. Langfristig kann sie jedoch dazu führen, dass weniger Mietwohnungen verfügbar sind, da sich das Vermieten einer Wohnung kaum rentiert. Hingegen hätte sich das Vermieten ohne Mietpreisbremse rentiert, wodurch möglicherweise mehr Wohnungen vermietet worden wären, was den Mietpreis aufgrund steigender

Konkurrenz unter Vermietern langfristig automatisch verringert hätte. In wiederum anderen Fällen – abhängig vom sozialen, kulturellen, ökonomischen oder außenpolitischen Kontext – könnte sich die Situation gänzlich anders entwickeln. Das macht es notwendig, solche Entscheidungen auf Grundlage von Expertise zu treffen. Nicht Intellektuelle, Juristen oder Parteimitglieder jedweder Art sollten über solche Belange entscheiden, sondern diejenigen, die in den entsprechenden Themengebieten die höchste Kompetenz aufweisen. Dazu würden sich beispielsweise öffentliche Sitzungen, Kolloquien o. Ä. eignen. Dies ist der aristokratische oder meritokratische Aspekt der Theorie: Es braucht eine Art politische Exekutive, die ausschließlich anhand der Maßstäbe der Kompetenz und Eignung besetzt wird.

Da sich politische Befugnisse schnell verselbstständigen und die Gefahr mit sich bringen, dass die Exekutierenden beginnen, ihre persönlichen Interessen auf Kosten der Gemeinschaft durchzuringen, bräuchte es Mechanismen, die dies verhindern – beispielsweise die Möglichkeit, dass die Bürger ein nachhaltiges Veto erteilen und eine andere Maßnahme fordern oder Maßnahmen dieser Art (in jenem vorliegenden Kontext) gänzlich untersagen. Darüber hinaus ist es von maßgeblicher Bedeutung, dass Experten dieser Art nicht nur Fachkompetenzen, sondern ebenfalls entsprechende psychisch-charakterliche Dispositionen – 'Tugenden' – aufweisen, die Korruption zumindest unwahrscheinlicher machen.

Um solche Dispositionen festzustellen, würden sich unterschiedliche (bisweilen kryptische, den Probanden bewusst irreführende) Testverfahren sowie Gutachten eignen. Darüber hinaus sollte ihr Gehalt am Durchschnittsgehalt innerhalb der Gemeinschaft orientiert sein – einerseits sollte Politik keine außerordentlich lukrative Karriereoption darstellen, sondern in erster Linie ein Dienst an der Gemeinschaft sein; andererseits motiviert eine derartige Orientierung des Exekutierendengehalts dazu, dass Exekutierende selbstständig darauf hinarbeiten, das Durchschnittsgehalt innerhalb der Gemeinschaft nachhaltig zu erhöhen, da sie davon selbst betroffen wären. Derartige Maßnahmen sorgen weiterhin dafür, dass soziale Diskrepanzen – Entfremdung – zwischen politisch Exekutierenden und Bürgern unwahrscheinlicher werden. Ähnliche Maßnahmen sollten vermutlich ebenfalls hinsichtlich Versicherungen o. Ä. etabliert werden – erstens um nicht den Zulauf von Menschen zu begünstigen, die politisch tätig sein wollen, um einer privilegierten Klasse anzugehören; zweitens, um die Motivation der politisch Exekutierenden zu erhöhen, das Gemeinwohl zu verbessern; drittens, um politische Entfremdung zu vermeiden. Diese Ausführungen beruhen auf trivialen psychologischen Annahmen, die vielfach anerkannt sind, in der Gestaltung der heutigen politischen Systeme jedoch konsequent missachtet werden.

Es reicht nicht aus, dass Experten als Berater fungieren. Auch heutzutage fungieren Experten als Berater, werden jedoch sehr häufig kaum erhört, wenn ihre Hinweise mit dem politischen Programm einer Partei und deren Inszenierung konfligieren – was nicht selten vorkommt. Das sind nahezu absurde Zustände. In der heutigen Politik entscheiden bisweilen ausgebildete Kaufmänner, welche Bildungspolitik zu verfolgen ist. In einem solchen System können kaum sinnvolle Maßnahmen zustande kommen. Zugleich führen Wahlzyklen heutzutage dazu, dass Entscheidungen weniger dem langfristigen Wohl der Gemeinschaft als vielmehr der kurzfristigen Wiederwahl dienen. Dadurch werden prekäre komplexe Probleme, die sich möglicherweise schlecht in einer Wahlkampagne inszenieren lassen, aufgeschoben.

Fassen wir das Erarbeitete zusammen. In der Politik müssen zwei distinkte Fragen gestellt werden: Erstens, an welchen Idealen, Werten oder Zielen soll sich die Gemeinschaft in ihrem Handeln orientieren? Hier werden allgemeine Orientierungspunkte der Politik zugrunde gelegt. Das ist der demokratisch-bürgerliche Aspekt. Zweitens, wie lassen sich diese Ideale, Werte oder Ziele bestmöglich verwirklichen? Hierbei handelt es sich um Fragen, die Expertise benötigen, weshalb sie von verschiedenen Gremien aus Experten, die sich in den entsprechenden Themengebieten am ehesten hervorgetan haben, öffentlich diskutiert und beantwortet werden sollten. In Anbetracht psychologischer Befunde wäre es sinnvoll, wenn die Mitglieder der politischen Exekutive ihrerseits nicht an den ideellen Entscheidungen partizipieren können, damit sie –

da sie durch das Wählen emotional in die Politik investieren würden – in geringerem Maß von unwissenschaftlicher Voreingenommenheit geleitet werden.

Solange diese beiden Fragen nicht voneinander unterschieden werden, drohen die Grenzen zwischen Idealen und Sachlichkeit zu verschwimmen. Das mündet häufig in sachlichem Dogmatismus, in dem es nicht mehr darum geht, auf Grundlage wissenschaftlicher Erkenntnisse sachliche Entscheidungen zu treffen, sondern gefestigte weltanschauliche Gebilde zu rechtfertigen. Zudem besteht die Tendenz, dass diese Ebenen bei mangelnder Distinktion miteinander verwechselt werden. So kann beispielsweise das Ideal der moralischen Gleichwertigkeit von Individuen und Gruppen bei mangelnder Unterscheidung der wertenden und der sachlichen Ebene zur falschen Annahme führen, Individuen und Gruppen seien faktisch gleich. Das sind Phänomene, die wir heutzutage vielfach beobachten können.

Gesellschaftliches Milieu

Kein Mensch ist allwissend. Keine einzelne politische Theorie, Behauptung oder Position und keine konkrete politische Maßnahme ist inhaltlich absolut (in jeder Hinsicht, in Anbetracht sämtlicher möglicher Prämissen und ohne Einschränkung) wahr, gültig, angemessen, zielführend oder verlässlich. Zudem können die Öffentlichkeit und jedes Individuum durch eine Debatte in ihrem Wissens- und Erfahrungsschatz bereichert werden. Das hat wiederum zur Konsequenz, dass man zu jeder Debatte eine grundsätzliche Bescheidenheit und Neugier mitbringen sollte.

Politik ist (solange es Individuen gibt, die Politik betreiben) ein fortwährender, niemals abgeschlossener Prozess. Die kulturelle, historische, ökonomische und geopolitische Situation ist einem permanenten Wandel unterlegen. Das macht freie, ungezwungene Debatten, die zu einer Aktualisierung der eigenen Einschätzungen beitragen, umso notwendiger.

In Anbetracht dieser Sachverhalte sollte das Recht auf Rede- und Meinungsfreiheit uneingeschränkt gelten. Das Elaborieren über verschiedene und gegensätzliche Argumente, Thesen, Positionen und Auffassungen ist unerlässlich, um zu fundierten und vielseitig beleuchteten politischen Entscheidungen zu kommen, die das wahre Interesse der Bevölkerung repräsentieren. Tatsächlich ist eingeschränkte Rede- und Meinungsfreiheit ein Selbstwiderspruch. Jede Einschränkung dieser Freiheit ist ihre Aufhebung. Ohnehin gibt es keine Staaten, in denen gar keine Aussagen erlaubt sind. Irgendwelche Aussagen sind immer gestattet, das ist kein Erweis für das Vorliegen von Redefreiheit.

Das ist nicht alles. Es sollte zudem eine Debattenfreiheit geben, die sich durch eine vielfältige und mehrdimensionale Debattenkultur auszeichnet. Hier spielen Medien eine maßgebliche Rolle. Heutzutage ist es üblich, einen Rahmen zu setzen, und dadurch begrenzte, recht einseitige Diskussionen als Debattenfreiheit zu inszenieren. Wenn politische Entscheidungen, Weltbilder und Meinungen belastbar sein sollen, müssen sie umfangreich diskutiert und aus unterschiedlichen Perspektiven betrachtet werden. Das gilt auch für die Diskussion fragwürdiger Positionen. Dies führt nicht zu einem Zugewinn an Extremismus, sondern zu einer Deradikalisierung in entsprechenden Kreisen, die sich ansonsten in ihrem Frust bestätigt sehen. Eine sachliche Auseinandersetzung ist in jedem Fall eine Schutzmaßnahme gegen Extremismus jeder Art hinsichtlich einzelner Gruppierungen und eine Schutzmaßnahme gegen Totalitarismus hinsichtlich des Staates und der dominierenden Medieneinrichtungen. Rede-, Meinungs- und Debattenfreiheit fangen dort an, wo es anfängt, unangenehm zu werden. Sie sind nicht immer die schmeichelhafteste, jedoch die einzig tragbare Möglichkeit für eine freie und nachhaltig stabile Gesellschaft. Es ist nicht so, dass eine freie Gesellschaft diese Freiheiten überstehen muss, sondern vielmehr ist sie geradewegs durch diese Freiheiten konstituiert. Das bedeutet im Umkehrschluss, dass unsere zeitgenössische Gesellschaft ein Freiheitsdefizit und darüber hinaus ein in mehreren Hinsichten vorliegendes Selbstbestimmungsdefizit hat, die – sollten sie nicht behoben werden – zu zunehmender Instabilität führen werden.

Manchmal wird behauptet, eine Meinung müsse wertfrei sein – oder, direkter: eine bestimmte Position sei keine Meinung. Das sind rhetorische Modi, um die Einschränkung von Rede-, Meinungs- und Debattenfreiheit zu legitimieren. Tatsächlich ist jedoch keine Meinung wertfrei. Jede Aussage schöpft sich aus irgendeinem wertenden Maßstab. Problematisch wird es selbstverständlich dann, wenn eine Person oder Gruppe zu Verbrechen aufruft. In diesem Sinne ließe sich das Sprechen (sprachphilosophisch legitim) als Form des Handelns auffassen, wodurch sich konsistent – ohne das Gerüst der Meinungsfreiheit zu beschädigen – ein Verbot solcher Aussagen bzw. Handlungen etablieren ließe.

IV. Konsequente Selbstbestimmung

In diesem Kapitel wollen wir den Grundsatz der Selbstbestimmung weiterdenken – unter Wahrung der Erkenntnis, dass pragmatische Entscheidungen am effektivsten von Personen getroffen werden können, die für das entsprechende Entscheidungsfeld relevante Kompetenzen aufweisen. Dazu wollen wir diesen Grundsatz noch einmal, diesmal aus einer anderen Perspektive, philosophisch aufbereiten: Diejenigen, die eine Entscheidung betrifft, sollten jene Entscheidung treffen. Das heißt, dass eine größtmögliche Übereinstimmung zwischen den Entscheidungsträgern und den

Entscheidungstreffenden vorherrschen sollte. Wenn eine Diskrepanz zwischen diesen beiden Gruppen besteht, wird Zwangsherrschaft ausgeübt: Eine Gruppe entscheidet über Dinge, die andere Menschen betreffen, wobei diejenigen, die betroffen sind, nicht mitentscheiden dürfen.

Konkret bedeutet dies beispielsweise, dass Entscheidungen, die eine Region betreffen, auf regionaler Ebene getroffen werden sollten. Entscheidungen, die ein Land betreffen, sollten auf Landesebene getroffen werden usw. Wiederum sollten Entscheidungen, die lediglich ein Individuum betreffen, auf individueller Ebene getroffen werden. Dadurch ergibt sich ein mehrschichtiges, ganzheitliches und zugleich differenziertes Verständnis von Selbstbestimmung, in das sich gleichermaßen die individuelle wie kollektive Ebenen konsistent und harmonisch fügen. Sollten von einer Entscheidung wiederum mehrere Regionen, Individuen o. Ä. betroffen sein, sollten exakt jene Regionen, Individuen o. Ä. in die Entscheidung miteinbezogen werden. Das ist ein simples, eingängiges Prinzip, das sich in der Praxis auf unterschiedliche Weise realisieren kann. Auch dieses triviale Prinzip wird heutzutage vielfach missachtet. So sollte beispielsweise nicht ein Bundesland darüber entscheiden, ob in einer Gemeinde eine Asylunterkunft oder ein Energiekraftwerk errichtet wird, sondern jene Gemeinde selbst. Das sind Thesen, denen vermutlich jede Person zustimmen würde, solange sie nicht mit ihrer politischen Ideologie konfligieren.

Sobald es jedoch um ihre Ideologie geht, scheinen im heutigen Deutschland wieder einige Menschen zu denken, es sei legitim, Freiheiten zu untergraben. Das sind gängige Phänomene eines staatlichen, medialen und kulturellen Autoritätsbestrebens, das durch Zwangsmaßnahmen ideologische Homogenität erzeugen soll. Das führt wiederum zur Destabilisierung der Gesellschaft und wird sich, wie die Geschichte gezeigt hat, nicht langfristig durchsetzen können.

Es ist selbstverständlich legitim, wenn Entscheidungsträger das Treffen der Entscheidung in einer bewussten und gezielten Entscheidung anderen Individuen oder Gruppen überlassen. Das sollte jedoch eine Option sein, kein aufgezwungener Zustand. In den heutigen vermeintlichen Demokratien ist dies die Norm. In keinem Fall entscheiden dort die Entscheidungstragenden, sondern einzelne Gruppierungen (begrifflich korrekt gefasst: Oligarchen), die von den Konsequenzen jener Entscheidungen bisweilen sogar gänzlich unbetroffen sind. Diese Zustände lassen sich nicht konsistenter Weise als demokratisch bezeichnen.

Der mögliche Vorwurf, diese Theorie sei partikularistisch, entpuppt sich bei genauerer Betrachtung als gänzlich illegitim. Denn obwohl gewissermaßen eine Selbstverwaltung von Städten, Regionen und Ländern gegeben wäre – ebenso wie diejenige von Individuen –, gäbe es ebenso sehr eine gemeinsame Verwaltung auf Bundesebene. Weder sind die hiesigen Vorschläge regionalistisch noch nationalistisch oder globalistisch. Sie basieren auf der simplen These, dass diejenigen, die eine Entscheidung betrifft, jene Entschcidung treffen sollten. Das bedeutet nicht nur, dass eine Stadt oder Städte, die von einem Problem betroffen sind, darüber entscheiden sollten, wie damit umgegangen werden sollte, sondern weiterhin, dass beispielsweise Nationen bei Fragen oder Problemen, die sie betreffen, zusammenarbeiten sollten. Letztendlich sollten Entscheidungen, welche die gesamte Staatengemeinschaft betreffen, von eben dieser getroffen werden – nicht von einzelnen Staaten, die sich selbst als Vorreiter deklarieren. Die Verwirklichung dieses Prinzips auf unterschiedlichen Ebenen ist demnach gleichermaßen simpel wie konsistent.

Dieses Prinzip oder dieser Grundsatz implizieren auch, dass sich einzelne Länder oder Regionen legitimerweise aus bestimmten Zusammenschlüssen loslösen können. Eine Region, die sich abspalten möchte, hat nicht nur gemäß dem Völker- und Menschenrecht, sondern ebenso gemäß dem Prinzip der Selbstbestimmung das Recht, dies zu tun. Zugleich ist es legitim, wenn unterschiedliche Regionen oder Länder (oder einzelne Regionen dieser Länder) zu einem größeren politischen Gebilde verschmelzen, solange diejenigen, die dies betrifft, jene Entscheidung treffen. Wie groß oder klein solche Gebilde sein sollten und wie die Einzelheiten für eine Verschmelzung oder Abspaltung beschaffen sein sollten, ist abhängig von unterschiedlichen Faktoren und kann lediglich im historischen, gegenwärtigen oder zukünftigen Einzelfall bestimmt werden.

V. Politische Pluralität

Politische Pluralität ist essenziell, wenn es um eine friedliche und nachhaltige Gestaltung internationaler Beziehungen geht. Letztendlich geht es bei politischer Pluralität um den Grundsatz der (in diesem Fall kollektiven) Selbstbestimmung und der Untersagung von Imperialismus: Gemeinschaften sollen sich organisieren dürfen, wie es ihnen beliebt, solange sie das Selbstbestimmungsrecht anderer Gemeinschaften achten.

Die Gewährleistung oder Ermöglichung politischer Pluralität schöpft sich aus zwei Quellen: einerseits eine moralische, andererseits eine pragmatische. Auf der moralischen Ebene geht es um die Achtung des legitimen Selbstbestimmungsanspruchs von Regionen, Nationen, Kulturen o. Ä. Auf der pragmatischen Ebene geht es um Mehreres: Erstens, Imperialismus schafft keine Homogenität, sondern unterdrückt vorübergehend Heterogenität. Das sind zwei unterschiedliche Dinge. Die Oktroyierung bestimmter politischer, kultureller oder wirtschaftlicher Systeme macht beispielsweise aus Afghanen keine US-Amerikaner, sondern frustrierte Afghanen, die sich nachvollziehbarerweise radikalisieren, solange sich auf ihrem Territorium fremde Streitmächte befinden. Durch zentralistische Beschlüsse und Verwaltungen werden keine Partikularitäten aufgelöst. Partikularitäten, Grenzen und Unterschiede sind notwendige (und im Übrigen begrüßenswerte) Bestandteile menschlichen Lebens. Das bedeutet, dass die Oktroyierung bestimmter politischer, kultureller oder wirtschaftlicher Systeme nicht nur unmoralisch, sondern darüber hinaus ineffektiv ist. Sie verursacht zudem nicht nur bei den Unterdrückten, sondern ebenfalls bei den Unterdrückern Ressourcenverschleiß. Das ist ein Grund, weshalb Großreiche der Vergangenheit einzelnen Regionen, in denen eine spezifische Ethnie ansässig war, oftmals die eigene Verwaltung überließen.

International hat der Krieg gegen den Terror keine Terroristen besiegt, die Christenverfolgungen im römischen Reich nicht das Christentum, die Judenverfolgungen im Mittelalter nicht das Judentum und die Verfolgung der Bolschewisten nicht den Bolschewismus. Im Gegenteil haben sich entsprechende Kreise in jedem Fall radikalisiert und – gewissermaßen aufgrund der impliziten Wertschätzung durch bedeutende Opponenten – an Prestige gewonnen. Ein Weg zu einer sachlichen und nachhaltig konstruktiven Auseinandersetzung wäre die Anerkennung von Unterschieden und die Aufnahme von diplomatischen Gesprächen. (Solange Menschen miteinander sprechen, töten sie sich üblicherweise nicht gegenseitig.) Gerade aus heutiger westlicher Perspektive ist es notwendig, hier über einen ideologischen Schatten zu springen: Nicht alle Menschen und Kulturkreise dieser Welt erachten die westliche Gesellschaft der letzten Jahrzehnte als fortschrittlich, ideal oder auch nur moralisch vertretbar. Das wird sich nicht ändern, wenn man das Gespräch mit diesen Menschen oder Kreisen verweigert – im Gegenteil entlarvt es den imperialistischen und zugleich bigotten Kern von Teilen der heutigen sogenannten westlichen Gesellschaft.

Konkretisieren wir diese kontroversen Ausführungen an einem noch kontroverseren Beispiel: In aller Welt gibt es religiöse Fundamentalisten, die sich eine Theokratie herbeiwünschen. Von den örtlichen Behörden werden sie unterdrückt. Ihre Bestrebungen werden nicht ernstgenommen, sondern als psychische Defekte abgetan. Diese Menschen werden eingesperrt oder überwacht. Das lässt die Ursachen dieser Zwistigkeiten gänzlich unbeachtet und begnügt sich mit der vorübergehenden oberflächlichen Konformität dieser Menschen oder Kreise. Schlussendlich kommt es zu terroristischen Anschlägen, die ihrerseits in keiner Weise gerechtfertigt sind. Durch diese Anschläge verschärfen sich wiederum die Fronten und auf moralischer wie auf pragmatischer Ebene hat keinerlei Progress bzw. Profit stattgefunden. Dabei wäre die Situation bei einer pragmatischen Herangehensweise sehr leicht zu entschärfen: Diese Menschen möchten in einer ihren Glaubensvorstellungen entsprechenden Theokratie leben. Verleumdungen und

Moralisierungen von der Gegenseite werden daran nichts ändern. Zugleich befinden sich diese Menschen oder Gruppen in Gesellschaften, die nicht in einer Theokratie oder nicht in einer Theokratie dieser Art leben möchten. Durch das Verweilen solcher Menschen oder Gruppen in eben jenen Gesellschaften ist für niemanden irgendetwas gewonnen: Diese Menschen oder Gruppen leben nicht in ihrer gewünschten gesellschaftlichen Struktur; die Gesellschaft, in der sie sich befinden, wird in die Mitleidenschaft des Frustes dieser Menschen gezogen. Die einfachste Lösung wäre eine freiwillige Separation: Es spricht – und hier wird es besonders kontrovers – aus moralischer wie aus pragmatischer Perspektive nichts gegen eine Theokratie, die nicht imperialistisch ist und das Ausreiserecht wahrt. Zugleich würden Personengruppen, die einerseits nicht in anderen Gemeinschaften leben wollen und andererseits in jenen Gemeinschaften, in denen sie leben, nicht erwünscht sind, in jene Theokratie abwandern. Das würde zu mehreren Vorteilen führen: Konfliktbeseitigung und Kohäsionsgewinn (und damit Stabilitätsgewinn) innerhalb von Gemeinschaften durch Abwanderung extremistischer Elemente, Selbstbestimmung aller Gruppen, Eröffnung diplomatischer Beziehungen, Abnahme von Extremismus durch sachliche Auseinandersetzung. Dasselbe Beispiel lässt sich u. a. auf kommunistische, nationalistische, ethnostaatliche oder anarchistische Bestrebungen anwenden – unter der steten und einzigen Voraussetzung, dass in solchen neu gegründeten Gemeinschaften Imperialismus untersagt ist und das Ausreiserecht gewahrt wird.

Menschen, Ethnien, Kulturen, Religionen, Vereine, Genossenschaften o. Ä. sind unterschiedlich. Sie haben unterschiedliche Ideale, Ziele, Lebensvorstellungen und Bedürfnisse. Es ist unvermeidbar, dass diese Erkenntnis – ebenso wie in anderen wissenschaftlichen sowie gesellschaftlichen Bereichen – letztendlich auch in der politischen Praxis verwirklicht wird, wenn ein moralisch-humaner und zugleich nachhaltig-effektiver Umgang miteinander angestrebt wird. Noch einmal zur Wiederholung: Die Diffamierung dieser Unterschiede oder die Diffamierung einzelner Bedürfnisse wird an diesen Unterschieden bzw. vorherrschenden Bedürfnissen nichts ändern. Es geht nicht darum, wie man sich die Menschheit herbeiwünschen würde, sondern darum, wie sie faktisch ist.

Die Alternative zu politischer Pluralität ist unaufhörliche systematische gegenseitige Tyrannisierung, bis ein universalistischer Staat errichtet ist, der im Zuge der unvermeidbaren Interessenkonflikte erneut auseinanderbricht, nur damit das Spiel der gegenseitigen Tyrannisierung aufgrund des Unwillens, Unterschiede zu akzeptieren, von vorn beginnt.

Interessengruppen sollten sich zusammentun. Sie sollten sich nach ihren Vorstellungen organisieren und verwalten. Vielleicht existieren sogar bereits Gemeinschaften, die ihren Vorstellungen entsprechen und die gewillt sind, sie aufzunehmen. Diese Gemeinschaften sollen selbstbestimmt Erfolge verzeichnen und selbstbestimmt scheitern. Wenn sie scheitern, diskreditiert dies ihr Konzept. Daraufhin werden neue Konzepte entwickelt. An Konzepten, die gelingen, werden sich andere Gemeinschaften ein Beispiel nehmen. Das ist eine Art Evolutionsprozess. Wie in einer gesunden Marktwirtschaft, in der Entwicklung biologischer Arten, in wissenschaftlichen Debatten und anderswo muss es die Möglichkeit geben, dass Versuch und Irrtum stattfinden – und zwar auf eigenverantwortliche Weise, die eigene Person oder Gruppe betreffend. Andernfalls findet keine konstruktive Veränderung bzw. kein Erkenntnisgewinn statt. Hier sind wir bei der nächsten Facette der pragmatischen Ebene angelangt: Von unterschiedlichen politischen Konzepten profitiert letztendlich die gesamte Weltgemeinschaft, denn der Erkenntnisgewinn, der durch das Gelingen oder Scheitern unterschiedlicher Konzepte erzielt wird, lässt sich von jeder politischen Gemeinschaft aufgreifen, evaluieren, verwerfen oder anwenden. Auf diese Weise können unterschiedliche politische Ideologien oder Ansätze – unter der Wahrung der Freiwilligkeit aller Teilnehmer – empirisch überprüft werden. Diese enorme Fülle an Erkenntnispotenzial kann unter erzwungenen internationalen Vereinheitlichungsbestrebungen nicht ausgeschöpft werden. Mit diesem Erkenntnispotenzial geht zugleich ein Verbesserungspotenzial heutzutage etablierter politischer Organisationsformen einher. Zugleich läge ausreichend empirisches Datenmaterial vor, um neu auftretende gesellschaftliche Herausforderungen oder sogar Kollapse bestmöglich anzugehen, anstatt dass zunächst ein Orientierungsvakuum vorliegt.

Menschen, die von ihrem Lebenskonzept oder bereits vorherrschenden politischen Organisationsformen überzeugt sind, haben nichts zu befürchten. Denn wenn sie Recht haben – wovon sie selbstverständlich ausgehen –, werden sich ihre Annahmen in einem freien politisch-evolutiven Prozess dieser Art lediglich bestätigen, wohingegen sich andere Konzepte durch ein freiwilliges Zusammenwirken unterschiedlicher Gruppen selbstständig diskreditieren werden.

Naheliegend wäre ein diplomatischer Zusammenschluss nichtimperialistischer Staaten, die sich in ihrer Unterschiedlichkeit achten, Pluralität ermöglichen und durch das Imperialismusverbot und das Ausreiserecht paradoxerweise zugleich (partiell) geeint sind.

Ein weiterer Vorteil politischer Pluralität ist, dass weiträumige globale Fehlschläge und Kollapse unterbunden werden. Sei es bezüglich Aktienanlagen, sozialen Verbünden oder politischen Strukturen: Dezentralität schafft Stabilität.

VI. Das heutige Parteien- und Präsidialsystem

Wir haben skizziert, wie sich politische Strukturen an den trivialen Grundsätzen der Selbstbestimmung und dem Erfordernis von Kompetenz in spezifischen pragmatischen Fragen orientieren können. Stellenweise hat sich herauskristallisiert, dass die zeitgenössischen Strukturen in Deutschland diesen trivialen, intuitiv nachvollziehbaren Grundsätzen nicht genügen. Im Folgenden wollen wir etwas genauer auf das Parteien- und Präsidialsystem eingehen, das heutzutage fälschlicherweise als demokratisch tituliert wird.

Eines der offensichtlichsten Probleme der zeitgenössischen Parteien- und Präsidialsysteme ist die Tatsache, dass Wähler auf artifizielle Bündel von Wahlversprechen restringiert werden. So können beispielsweise nicht eine bestimmte Sozialpolitik und eine spezifische Umweltpolitik gewählt werden, sondern es findet eine Einschränkung auf abgeschlossene 'Pakete' statt. Das führt nicht nur zu einem Repräsentationsproblem, da Parteien aufgrund dessen niemals die authentischen Interessen der Wähler vertreten können, sondern ebenfalls dazu, dass mehrheitlich gewünschte politische Maßnahmen unterbunden werden. Beispielsweise kann es sein, dass umfassender Umweltschutz mehrheitlich erwünscht ist, dieser politische Inhalt sich jedoch nicht durchsetzen kann, da Parteien, die Umweltschutz propagieren, aus anderen Gründen explizit nicht gewählt werden. Das sind willkürliche strukturelle Einschränkungen, die im Zeichen der allgemeinen Ineffektivität des gegenwärtigen politischen Systems stehen. Anstatt dass spezifische Maßnahmen gewählt werden (z. B. jeweils bezüglich Verteidigungsfragen, Bildungsfragen, Umweltfragen usw.), bewegt sich das politische Verfahren in geschlossenen Parteiideologien. Nicht einzelne Fragen stehen im Vordergrund, sondern umfassende vorgefertigte ideologische Konstrukte. Dieses Problem wollen wir später erneut aufgreifen, wenn es um die zeitgenössische Debattenkultur geht.

Diese skizzierten Sachverhalte sind jedoch lediglich ein Oberflächenproblem. Die strukturellen Mängel liegen weitaus tiefer: Im Parteien- und Präsidialsystem werden keine politischen Maßnahmen oder Ziele gewählt, sondern Personen. Das ist ein fundamentaler Unterschied. Die Wähler entscheiden nicht, welchen Weg die Gemeinschaft einschlagen soll, sondern sie wählen eine Person oder einen Zusammenschluss aus Personen, die dies entscheiden sollen. Die Wähler herrschen nicht, sondern wählen sich ihre Herrscher. Faktisch besteht demnach im Präsidialsystem eine Art Monarchie, im Parteiensystem eine Art Oligarchie. Die Wähler bleiben in jedem Fall die Beherrschten, egal welche Herrscher sie sich wählen. Demnach kann nicht von einer Volks- oder

Bürgerherrschaft die Rede sein. Das ist strukturell bedingt. In diesem Sinne sind sämtliche Parteien und Kandidaten gleichermaßen (un-)demokratisch.

Die Wahl des Herrschers war im germanischen Königtum noch sinnvoll, da sämtliche Wähler die Kandidaten kannten. Die Wahl des Königs war im gewissen Sinne die Wahl des Kompetentesten – desjenigen, von dem man erwartete, dass er die Aufgabe am besten bewältigen kann. Die Einschätzungen der Wähler – damals ausschließlich freie, waffenfähige Männer – waren insofern fundiert, als dass sie die Kandidaten persönlich kannten. Die Kandidaten waren keine Fremden, die ein bestimmtes Bild von sich vermittelten, sondern Bekannte des alltäglichen Lebens – mit all ihren Stärken und Schwächen. Heutzutage ist das anders. Es ist unmöglich, basierend auf Mediendarstellungen oder kurzen Begegnungen zu einer angemessenen Einschätzung zu gelangen. Jedes Medium macht sich – bewusst oder unbewusst – einer gewissen Inszenierung, eines sogenannten Framings, schuldig. Politiker haben etliche Redenschreiber, Stilberater, Maskenbildner und Rhetoriklehrer, die sie bisweilen mehrere Stunden auf Interviews vorbereiten, die wenige Minuten dauern. Anschließend wird die Berichterstattung von entsprechenden Medienkonglomeraten nach Belieben aufbereitet. Die Aufbereitung orientiert sich wiederum an den politischen Positionen und bisweilen finanziellen Interessen jener Medienkonglomerate. Den Eindruck, den man durch solche geradewegs fiktiven Konstruktionen – man könnte beinahe sagen: Filmproduktionen – gewinnt, täuscht das menschliche Unterbewusstsein, man habe sich einen authentischen Eindruck von der porträtierten Person verschafft. Das ist jedoch nicht annähernd der Fall.

Indes ist dies nicht das einzige Problem. Hinter jedem Kandidaten und jeder Partei stehen Hierarchien und Interessengruppen, die für die Wähler unsichtbar bleiben. Das ist keine geheime Verschwörung, sondern integraler Bestandteil jeder Partei. Jede Partei hat soziale Hierarchien und ist abhängig sowohl von Geldgebern als auch von Medienkonglomeraten, die sie entsprechend inszenieren. Parteien sind keine stoischen Repräsentanten bestimmter politischer Inhalte, sondern in erster Linie Gruppen, die durch unterschiedliche soziale, finanzielle, mediale und psychische Einwirkungen beeinflusst werden.

Darüber hinaus garantiert die Wahl einer Partei nicht, dass die politischen Inhalte, die sie während der Wahlkampagne propagiert hat, in irgendeiner Weise umgesetzt werden oder auf jene Weise umgesetzt werden, die ursprünglich angekündigt wurde. Heutzutage gibt es in Deutschland keine Mechanismen, welche die Aufrichtigkeit von Wahlkampagnen oder das Einhalten von Wahlversprechen sicherstellen. Letztendlich – so drastisch muss man es wohl ausdrücken – ist das Wählen von Parteien ein willkürliches Unterfangen. Man hat nicht ansatzweise eine Garantie dafür, dass entsprechende Inhalte verwirklicht werden. Diese Tatsache der Beliebigkeit wird desto eingängiger, je eher die hinterstehenden Interessengruppen erneut in Erwägung gezogen werden: Parteien werden faktisch von nichtgewählten Gruppen und Vereinigungen beeinflusst (die häufig spezifischen ökonomischen Interessen nachgehen), ohne dass sie dafür irgendwelche Konsequenzen zu befürchten hätten. Zu diesem Themenkomplex gibt es mittlerweile unterschiedliche renommierte wissenschaftliche Studien und ein umfangreiches Korpus an Fachliteratur. Aufgrund der Tatsache, dass die einflussreichsten Medienkonglomerate verhältnismäßig unkritisch über (Regierungs-)Parteien berichten, entstehen durch solche Beeinflussungen nicht einmal langfristige Schäden im Prestige entsprechender Parteien. Über den exorbitanten Umfang dieser Beeinflussungen wird nicht einmal berichtet.

Zur Wiederholung: Die Wähler sind in keinem Fall am politischen Entscheidungsprozess beteiligt. Sie wählen sich lediglich ihre Herrscher aus. Es herrscht eine enorme Diskrepanz zwischen den Entscheidungstreffenden und den Entscheidungsträgern. Letztere sind nicht befugt, selbst Entscheidungen zu treffen und damit faktisch politisch unmündig.

Ein weiteres Manko ist die Tatsache, dass in einem politischen System, das nicht auf der Wahl von Inhalten, sondern auf der Wahl von Herrschern (Personen oder Personengruppen) beruht, die Aufmerksamkeit in letzter Konsequenz nie auf sachlichen Argumenten, sondern auf Rhetorik und Inszenierung liegt. In Debatten, Pressekonferenzen und Interviews steht die Person im Vordergrund, nicht das, was sie sagt. Was sie sagt, spielt zwar auch eine Rolle, jedoch größtenteils lediglich hinsichtlich dessen, welchen Eindruck sie als Person erweckt. Einerseits helfen etablierte Medien dabei, die Aufmerksamkeit auf Personen anstatt auf Inhalte zu lenken, andererseits ist es teilweise menschliche Natur, dass besonders auf Sprecher geachtet wird. So lässt sich keine sachliche Debatte führen und bezeichnenderweise werden in der heutigen Politik auch keine sachlichen Debatten geführt. Es geht vielmehr um Befindlichkeiten, Inszenierungen und Sympathien – eine weitere Facette, welche die zeitgenössische Politik mit der heutigen Film- und Fernsehindustrie verbindet. Im scharfen Kontrast dazu geht es in der Wissenschaft und in gesellschaftlichen Teilbereichen, in denen Effektivität erzielt werden soll, ausschließlich um Argumente, belegbare Fakten und verfügbare Daten. Wer spricht, spielt dort bisweilen gar keine Rolle, was auch daran liegt, dass die strukturellen Rahmenbedingungen andere sind: Denn dort sollen nicht Personen als Herrscher auserkoren, sondern Maßnahmen beschlossen werden. Würde es in der Wissenschaft plötzlich um einzelne Wissenschaftler und deren Autorität gehen, anstatt um sachliche Argumente und deren logische Implikationen, würde sich schnell ein ähnliches Bild ergeben wie in der heutigen Politik:

(bisweilen geradezu dilettantische) Ineffektivität, Inszenierung, Unsachlichkeit.

Es gibt noch mehr Probleme. Eines davon ist beispielsweise, dass durch Parteien der Eindruck erweckt wird, es gäbe abgeschlossene weltanschauliche Systeme, die bestimmte politische Maßnahmen diktieren oder ausschließen. Das begünstigt eindimensionales Denken und damit – aufgrund der daraus häufig entstehenden binären Einteilung der politischen Landschaft – eine diskursfeindliche Polarisierung. Tatsächlich kann dieselbe politische Maßnahme jedoch unterschiedlichen Idealen, Zielen oder Werten genügen. Anstatt über konkrete Maßnahmen zu diskutieren, wird über ideologische Konstrukte gestritten. Anstatt dass Menschen unterschiedlicher Weltanschauungen – wie es in einer kohäsiven Gemeinschaft der Fall ist – zusammenkommen und sich gemeinsam auf konkrete Maßnahmen einigen, finden ideologische Grabenkämpfe statt. Das liegt unter anderem daran, dass nicht ausreichend zwischen der ideellen und der pragmatischen Ebene der Politik unterschieden wird. So verweigern beispielsweise Parteien und Gruppen, die sich für dieselben Maßnahmen einsetzen (beispielsweise Beendigung militärischer Interventionen, Umweltschutz o. Ä.), aufgrund von ideologischen Zugehörigkeitsgefühlen die partielle Zusammenarbeit, die ihrerseits keine langfristige Kooperation oder Assoziation implizieren müsste. Das ist gleichermaßen ineffektiv wie infantil und ist letztendlich nicht weniger als das Symptom einer Gesellschaft, die vollständig auseinanderzubrechen droht.

Grundsätzlich sind sämtliche politischen Systeme, in denen die ideelle Ebene der politischen Entscheidungsfindung nicht von der pragmatischen unterschieden wird, defizitär. Es handelt sich um unterschiedliche Bereiche, die gänzlich andere Bedeutungsdimensionen (Wertsetzung einerseits, pragmatisch-wissenschaftliche Abwägung andererseits) aufweisen. Es ergibt keinen Sinn, dass Nichtwissenschaftler wissenschaftliche Entscheidungen treffen. Ebenso sind Wissenschaftler nicht eher oder weniger dazu in der Lage, Werte für die Gemeinschaft zu setzen als andere Menschen, sondern vielmehr würde dies zu einem Selbstbestimmungsdefizit innerhalb der Gemeinschaft führen. Eine mangelnde Differenzierung dieser Bereiche ist demnach in jedem Fall suboptimal. Die exorbitant bezahlte politische Klasse in zeitgenössischen Parteien- und Präsidialsystemen ist weder in der Lage, den einen Bereich angemessen abzudecken noch den anderen, wie wir in mehreren Kontexten festgestellt haben. Sie ist damit nicht nur überflüssig, sondern zugleich strukturell Teil des Problems der Selbstbestimmungs- und Ineffizienzkrise des 21. Jahrhunderts.

VII. Zusammenfassung und Fazit

Die zeitgenössischen politischen Organisationsformen des Westens weisen enorme strukturelle Probleme auf. Weiterhin sind mehrere Elemente der gegenwärtigen geopolitischem Strategie aus moralischer wie aus pragmatischer Perspektive abzulehnen. Von einem demokratisch-voluntaristischen und einem aristokratisch-meritokratischen Standpunkt aus betrachtet besteht massiver Reformationsbedarf. Dieser Reformationsbedarf ist insofern vordringlich, als dass die vorherrschenden strukturellen Mängel – erstens durch das vorliegende Debattenfreiheits- und massive Selbstbestimmungsdefizit, zweitens aufgrund der durch das Parteiensystem begünstigten Ideologisierung pragmatischer Fragestellungen – maßgeblich an einer Spaltung der Gesellschaft beteiligt sind, die zu einem langfristigen – und möglicherweise auch gewalttätigen – Auseinanderbrechen der Gesellschaft führen können. Sofern ein gewalttätiges Auseinanderbrechen freiheitlich verhindert werden soll und nicht mittels autoritärer bis totalitärer Zwangsmaßnahmen, muss eine sachliche und rationale Auseinandersetzung mit den legitimen Interessen und Bedürfnissen unterschiedlicher Menschen und Gruppen stattfinden. Der erste Schritt dorthin wäre die Etablierung einer argumentlastigen statt rhetorik-, inszenierungs-

sowie diffamierungslastigen Debattenkultur. Dies liegt gleichermaßen in der Verantwortung von Politikern, Journalisten und Bürgern.